ALTERNATOR BOOKS™ EN ESPAÑOL

LA VERDADERA CIENCIA DEL VIAJE EN EL TIEMPO

Corey Anderson

ediciones Lerner ◆ Mineápolis

La traducción al español fue realizada por Zab Translation.

ediciones Lerner
Una división de Lerner Publishing Group, Inc.
241 First Avenue North
Mineápolis, MN 55401, EE. UU.

Si desea averiguar acerca de niveles de lectura y para obtener más información, favor consultar este título en www.lernerbooks.com.

Fuente del texto del cuerpo principal: Aptifer Sans LT Pro.
Fuente proporcionada por Linotype AG.

Library of Congress Cataloging-in-Publication Data

Names: Anderson, Corey, author.
Title: La verdadera ciencia del viaje en el tiempo / Corey Anderson.
Other titles: Real science of time travel. Spanish
Description: Minneapolis : ediciones Lerner, una división de Lerner Publishing Group, Inc., [2024] | Series: La verdadera ciencia de los superpoderes. Alternator books en Español | Translation of: Real science of time travel. | Includes bibliographical references and index. | Audience: Ages 8–12 | Audience: Grades 4–6 | Summary: "For humans, time travel has always been a fantasy. But as scientists learn more about people and the universe, they're starting to realize that some forms of time travel might be possible. Now in Spanish!"—Provided by publisher.
Identifiers: LCCN 2023000368 (print) | LCCN 2023000369 (ebook) | ISBN 9781728491837 (lib. bdg.) | ISBN 9798765607725 (pbk.) | ISBN 9781728494821 (eb pdf)
Subjects: LCSH: Time travel—Juvenile literature. | Space and time—Juvenile literature. | Superheroes—Juvenile literature. | BISAC: JUVENILE NONFICTION / Science & Nature / Physics | JUVENILE NONFICTION / Paranormal & Supernatural
Classification: LCC QB209.5 .A5318 2024 (print) | LCC QB209.5 (ebook) | DDC 530.11—dc23/eng20230316

Fabricado en los Estados Unidos de América
1-53122-51132-12/30/2022

CONTENIDO

Introducción
Mirar la historia en vivo 4

Capítulo 1
El viaje en el tiempo a través de las historias 6

Capítulo 2
¿Qué es el viaje en el tiempo, exactamente? 10

Capítulo 3
Otras posibilidades del viaje en el tiempo 16

Capítulo 4
Controlar el futuro 22

¡El superhéroe eres tú! 29

Glosario 30

Más información 31

Índice 32

INTRODUCCIÓN

MIRAR LA HISTORIA EN VIVO

¿Cómo recibirías un mensaje del futuro?

¡Alerta! Se te envió un mensaje importante. Recibiste una llamada de auxilio, ¡del futuro! Lo bueno es que tienes una máquina especial justo para eso. Te permite ir a cualquier día, en cualquier momento, en el futuro o en el pasado. Te subes a la máquina del tiempo y vas al 2070 a salvar a tu amigo que está en peligro.

Viajar en el tiempo es aterrador. Pero ver cómo será el mundo en el futuro es emocionante. Abres los ojos y miras por la ventana. Ves el perfil de la ciudad a la distancia. Los edificios son como las estructuras que has visto en los programas de ciencia ficción. Lo lograste. Ahora es el momento de ayudar a tu amigo.

El viaje en el tiempo nos ha interesado desde siempre. Pero los seres humanos nunca pudieron construir una máquina del tiempo real. ¿Es siquiera posible?

Viajar al futuro es una idea que atrapa a las personas en todo el mundo.

CAPÍTULO 1

EL VIAJE EN EL TIEMPO A TRAVÉS DE LAS HISTORIAS

Viajar al pasado para ver dinosaurios en la vida real sería fascinante y aterrador.

Las películas, los libros y las historietas de fantasía y ciencia ficción nos permiten imaginar cómo podría ser el viaje en el tiempo. ¿Quién no quisiera ser testigo de los eventos más importantes el pasado? ¿Qué sucedería si pudieras hablar con personas de otras épocas? ¿Te da curiosidad saber cómo será la vida en el futuro? ¡Si tuvieras superpoderes, podrías viajar en el tiempo y verlo por tu cuenta! Las posibilidades son fascinantes e infinitas.

Visitar una época que no sea la actual ha atrapado la imaginación de escritores, ilustradores y directores de cine durante mucho tiempo. La idea del viaje en el tiempo apareció por primera vez en un texto hindú del siglo IX a. C. Sin embargo, pasó cierto tiempo hasta que el viaje en el tiempo se hiciera popular. No empezó a aparecer con frecuencia en las historias sino hasta fines del siglo XIX.

Muchas personas están fascinadas con viajar hacia atrás en el tiempo para corregir errores o viajar hacia adelante en el tiempo para ver cómo es el futuro.

DATOS SUPERRÁPIDOS

El tiempo es la única dimensión que nos permite movernos en una sola dirección.

A veces en las historias, una máquina de aspecto extraño ayuda a un personaje a viajar en el tiempo. La máquina puede parecer un automóvil volador o una cabina telefónica. ¡Incluso puede verse como un ordinario autobús escolar! En otras ocasiones, la máquina es más pequeña, o es un dispositivo fijo, como un reloj de arena o una máquina caminadora.

Los automóviles como este pueden convertirse en máquinas del tiempo en las películas y las historias.

Las máquinas para el viaje en el tiempo se muestran solo en la ficción. Sin embargo, los científicos han trabajado para descifrar si puede ser posible crearlas algún día. Si sucede, no será sino por muchos años. El viaje en el tiempo es probablemente más una fantasía que algo que logremos en el futuro cercano.

CAPÍTULO 2

¿QUÉ ES EL VIAJE EN EL TIEMPO, EXACTAMENTE?

La luz se mueve mucho más rápido de lo que puede moverse cualquier objeto en el universo.

La luz es lo más rápido en el universo. La velocidad de la luz en el espacio es de más de 186,000 millas (299,274 km) por segundo. Pero si alguien pudiera viajar cerca de esta velocidad, el tiempo se movería más lentamente para ellos.

Albert Einstein demostró que el tiempo depende de tu velocidad. Imagínate que dos personas se mueven a velocidades drásticamente distintas. Una persona está viajando por el espacio al noventa por ciento de la velocidad de la luz. La otra persona está caminando normalmente en la Tierra. Un lapso de veinte minutos para la persona que camina sería solo de diez minutos para quien viaja en el espacio.

Algunos héroes de ficción se pueden mover más rápido que la velocidad de la luz. Pueden desaparecer en una fracción de segundo. En ese tiempo, podrían viajar por el mundo y retirar un taco o impedir que un malhechor cometa un crimen. Para las personas que se mueven más lentamente, los personajes parecen viajar en el tiempo.

Einstein creía que el espacio y el tiempo eran parte de un todo llamado espacio-tiempo.

La física es el estudio científico de la materia. Los físicos estudian de qué manera la materia se mueve, cómo se relaciona con la energía y las partículas. Las partículas son piezas muy pequeñas de materia que componen todo en el universo. Pero hay más de un tipo de partícula. Las partículas elementales son los bloques que componen los otros tipos de partículas. Hay dos tipos principales: fermiones y bosones. Los fermiones componen toda la materia. Los bosones son partículas que transportan la energía.

La luz puede viajar como una onda o como un flujo de partículas.

Los físicos identifican cuatro dimensiones conocidas en el universo: altura, profundidad, ancho y tiempo. Estas dimensiones componen el espacio-tiempo. Los físicos modernos creen que moverse hacia atrás en el tiempo es imposible para las personas. Pero en 2019, los científicos usaron una computadora para simular el envío de una partícula atrás en el tiempo. Cuantas más partículas se agregaron, menos exitoso fue el experimento. Pero fue una adición importante a la teoría del viaje en el tiempo.

Los científicos usan supercomputadoras para realizar experimentos de viaje en el tiempo.

El viaje en el tiempo físico aún es imposible. Pero podemos viajar en el tiempo en nuestras mentes. El viaje mental en el tiempo es la capacidad de imaginar el pasado y el futuro. Las personas que viajan mentalmente en el tiempo pueden recordar eventos y aplicarlos al futuro. El viaje mental en el tiempo ayuda a los seres humanos a sobrevivir. Por ejemplo, los granjeros pueden pensar en las técnicas que han usado en el pasado para producir cultivos. Imaginan las formas para mejorar esas técnicas en las futuras temporadas de cultivo.

Los bebés no nacen con esta superdestreza. Pero a los cinco años, la mayoría de los niños puede imaginar y hablar de eventos futuros. Estas destrezas siguen mejorando en la adultez. Sin embargo, a medida que las personas envejecen, también envejecen sus cerebros. Su habilidad de viajar mentalmente hacia adelante y hacia atrás en el tiempo se ve afectada.

Los seres humanos pueden pensar en escenarios futuros, permitiéndonos "viajar" al futuro en nuestras imaginaciones.

PODER ANIMAL SORPRENDENTE

Por mucho tiempo, los científicos creyeron que solo los humanos podrían viajar mentalmente en el tiempo. Pero muchos están repensando esa idea. Las aves llamadas chara californiana ocultan comida para más adelante. Pueden imaginar un futuro en el que quieran comer la comida que ocultan. La migración de aves puede ser otro ejemplo de viaje mental en el tiempo. De la experiencia pasada, las aves saben que el invierno será frío, así que se van antes de que cambien las condiciones meteorológicas. Imaginan un futuro con días más fríos y toman medidas para evitarlos.

Algunas aves ocultan comida para comerla más adelante.

CAPÍTULO 3

OTRAS POSIBILIDADES DEL VIAJE EN EL TIEMPO

Puedes hacer girar un globo en dos direcciones, pero la Tierra solo gira de oeste a este.

Algunos personajes de fantasía pueden correr o volar tan rápido que su movimiento hace que la Tierra gire en el otro sentido. En las historias de las películas y la ciencia ficción, este cambio en la rotación revierte el tiempo también. Para hacer que la Tierra gire hacia atrás, un personaje tendría que volar prácticamente a la velocidad de la luz. El héroe también tendría que ser millones de veces más masivo que la Tierra para tener la fuerza para empujar el planeta.

Hacer que la Tierra gire en la dirección opuesta en realidad no revertiría el tiempo. Pero los físicos y científicos están trabajando arduamente para descifrar otras formas en las que el viaje en el tiempo podría ser una posibilidad real en el futuro. Tienen muchas teorías diferentes.

La cima del monte Everest es el lugar más alto de la Tierra. El tiempo se mueve diferente allí de lo que se mueve a elevaciones más bajas.

DATOS SUPERRÁPIDOS

El tiempo pasa más rápido en altitudes más elevadas que a nivel del mar. ¡Es una diferencia minúscula, pero existe!

El astrónomo Frank Tipler tuvo una idea de un cilindro infinitamente largo hecho de materia densa. El cilindro de Tipler giraría prácticamente a la velocidad de la luz. Si tú viajaras alrededor del cilindro en una dirección, viajarías adelante en el tiempo. Si viajaras en la dirección opuesta, viajarías atrás en el tiempo. Pero construir un cilindro infinitamente largo sería imposible. Y el cilindro, independientemente de la longitud, probablemente aplastaría al viajero en el tiempo. Al igual que la Tierra, su masa atraería al viajero hacia su superficie. Después, el viajero sería aplastado por la gravedad.

Para convertirse en máquinas del tiempo, los cilindros como estos tendrían que ser infinitamente largos.

El astrónomo Frank Tipler tiene ideas únicas sobre cómo podría funcionar el viaje en el tiempo.

El físico Stephen Hawking tuvo una idea del viaje en el tiempo que involucraba los agujeros negros. Una nave espacial giraría alrededor de un agujero negro. La rotación y la gravedad del agujero negro haría que la nave acelerara prácticamente a la velocidad de la luz. Las personas en la nave espacial experimentarían la mitad del tiempo experimentado por las personas que no estuvieran en el agujero negro. ¡Si dan vueltas al agujero negro durante cinco años, habrán pasado diez años en cualquier otro lugar!

Los agujeros negros tienen una gravedad tan fuerte que incluso la luz no podría escaparse de ellos.

Nadie sabe con certeza si las cadenas cósmicas existen.

Las cuerdas cósmicas son la fuente de otra teoría del viaje en el tiempo. Cuando el universo comenzó, se pueden haber formado grietas en el espacio-tiempo conocidas como cadenas cósmicas. Las cadenas cósmicas son tubos angostos de energía que se extienden por el universo.

Dos cadenas cósmicas paralelas entre sí doblarían el espacio-tiempo. Los astronautas en una nave espacial que viajara a lo largo de la ruta de un pliegue experimentarían el tiempo de manera diferente que las personas fuera de la nave.

CAPÍTULO 4
CONTROLAR EL FUTURO

Los agujeros de gusano son hipotéticos. Los científicos pueden tener muchas teorías sobre ellos, pero no pueden demostrar su existencia.

Los agujeros de gusano son atajos entre dos puntos en el espacio. Algunos científicos creen que los agujeros de gusano están por todas partes alrededor de nosotros. Solo que son demasiado pequeños como para que los podamos ver. Los agujeros de gusano podrían estar hechos de dos agujeros negros conectados por un pasaje. Con un agujero de gusano, podrías viajar entre dos lugares en una breve cantidad de tiempo. Nadie ha descubierto un verdadero agujero de gusano aún. Pero algunos científicos creen que podrían ser contribuir al viaje en el tiempo.

Se piensa que las máquinas del tiempo necesitarían materia con densidad de energía negativa para viajar por los agujeros de gusano. La gravedad une a los objetos hechos de materia normal. Pero los objetos con densidad de energía negativa se repelerían. Lamentablemente, la densidad de energía negativa es solo una idea.

Algunas historias de ciencia ficción describen personas que viajan a través de agujeros de gusano.

DATOS SUPERRÁPIDOS

Los agujeros de gusano son probablemente tan pequeños que solo cosas minúsculas podrían viajar a través de ellos. Y su gravedad extrema aplastaría cualquier cosa dentro.

Es poco probable que los agujeros de gusano sean una opción real para el viaje en el tiempo. ¿Pero qué sucede con las rosquillas que rodean los agujeros negros? Algunos científicos creen que partes del espacio podrían estar retorcidas en la forma de una rosquilla. Esto crearía un campo de gravedad que curve el espacio-tiempo en un bucle. El orificio en el medio sería un agujero negro. Para viajar hacia atrás en el tiempo, un viajero correría alrededor dentro de la rosquilla. Iría cada vez un poco más al pasado con cada vuelta.

Viajar hacia atrás en el tiempo usando un agujero de rosquilla es solo una teoría. Los científicos no saben lo rápido que uno tendría que ir dentro de la rosquilla para llegar al pasado, o incluso lo grande que tendría que ser la rosquilla.

El viaje en el tiempo usando un agujero tipo rosquilla requeriría de equipos especiales para proteger a las personas de la gravedad, la velocidad y otras fuerzas.

El viaje en el tiempo trae aparejadas ciertas preguntas éticas propias. Si pudieras viajar en el tiempo, ¿intentarías impedir que una persona hiciera algo que consideras que está mal? ¿Qué sucedería si te encontraras contigo mismo en el pasado? ¿Podrías por accidente impedir que nacieras?

Una teoría en muchas películas y programas de televisión es el efecto mariposa. Si fueras atrás en el tiempo e hicieras una simple acción, como cruzar la calle, ¿podría afectar todo en el futuro? El efecto mariposa dice que una simple acción, como el aleteo de una mariposa, podría desencadenar una serie de eventos que modificaría la realidad.

Los científicos dicen que probablemente el efecto mariposa no existe. No tienen manera de demostrar que esas ocurrencias menores podrían causar consecuencias más grandes, no relacionadas.

El efecto mariposa explora cómo las acciones pequeñas y aparentemente poco importantes pueden modificar el futuro.

El universo tiene miles de millones de galaxias.

AVANCE DE LA CIENCIA Y LA TECNOLOGÍA

Los astrónomos usaron un radiotelescopio gigante en Chile para estudiar una galaxia llamada ALESS 073.1 que se formó hace 12 mil millones de años. La luz de la galaxia tomó miles de millones de años en llegar al telescopio porque la galaxia está muy lejos. Esto permitió a los astrónomos ver la galaxia como era hace miles de millones de años.

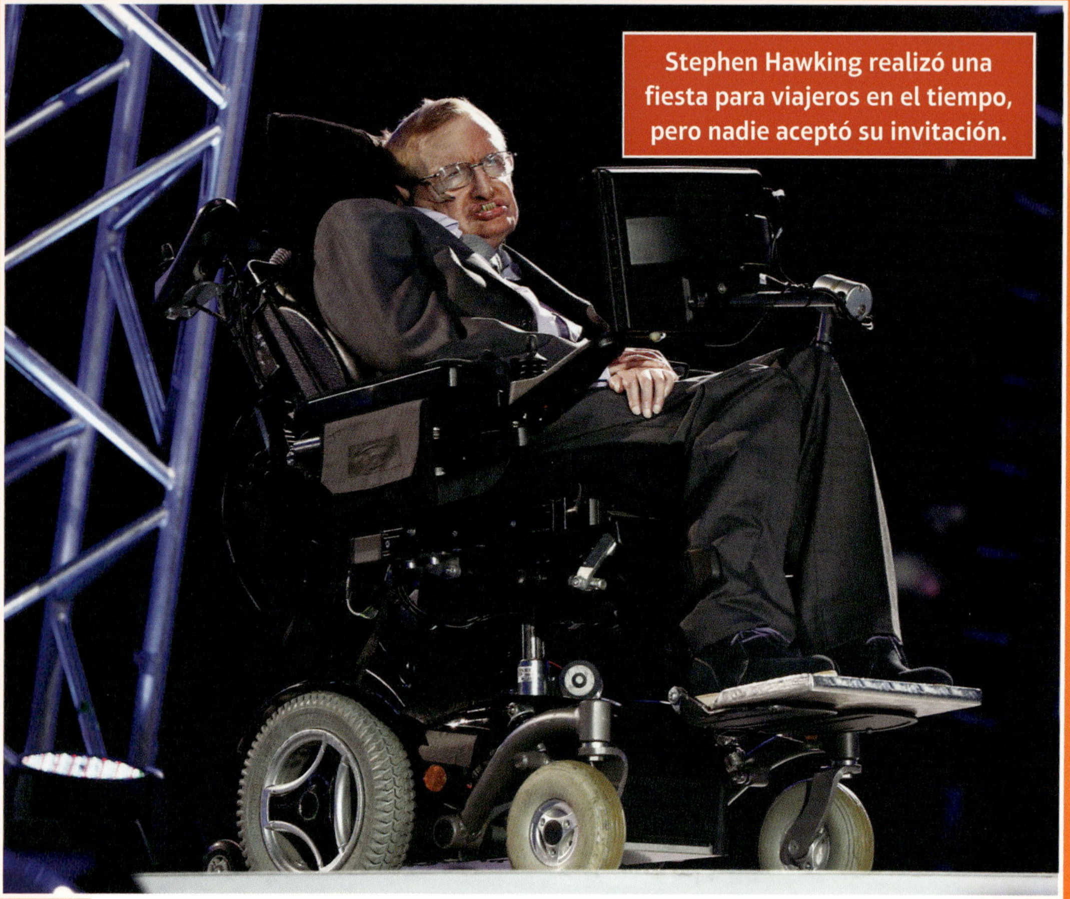

Stephen Hawking realizó una fiesta para viajeros en el tiempo, pero nadie aceptó su invitación.

En 2009, Stephen Hawking propuso resolver el debate del viaje en el tiempo de una vez por todas. Hizo una fiesta, pero no envió invitaciones hasta que la fiesta terminó. Si un viajero en el tiempo hubiera recibido la invitación, esa persona habría viajado atrás en el tiempo para asistir a la fiesta. Pero nadie acudió.

El viaje en el tiempo es solo una idea. Hasta que descifremos sus misterios, podemos ver a nuestros personajes favoritos desafiar las leyes del espacio-tiempo en libros, películas y programas de televisión. Algún día, tal vez sea más que una teoría. Entonces, tu podrás viajar en el tiempo también.

¡EL SUPERHÉROE ERES TÚ!

¿Puedes imaginar cómo se verá el mundo en cientos de años? Viaja mentalmente en el tiempo al futuro y haz dibujos de lo que ves. ¿Cómo serán las casas en el futuro? ¿Cómo viajará la gente? ¿Cómo cambiarán los teléfonos y las computadoras?

GLOSARIO

agujero de gusano: una estructura hipotética en el espacio que se ve como un túnel que conecta dos puntos

agujero negro: un objeto en el espacio con gravedad tan fuerte que la luz no puede escapar de él

altitud: altura sobre el nivel del mar

cadena cósmica: un objeto hipotético en el espacio que es muy largo y delgado y se formó pronto en el universo

espacio-tiempo: un sistema de una dimensión de tiempo y tres dimensiones de espacio mediante las cuales se puede ubicar cualquier objeto físico o evento

física: el estudio de la materia

materia: algo que ocupa espacio y tiene masa

partícula: un pedazo muy pequeño de materia; todo en el universo está hecho de partículas

teoría: una regla general ofrecida para explicar algo en la ciencia

velocidad de la luz: la velocidad a la cual viaja la luz en el espacio

MÁS INFORMACIÓN

Armstrong, Neil. *Bok's Giant Leap: One Moon Rock's Journey through Time and Space.* New York: Crown Books for Young Readers, 2021.

DeCristofano, Carolyn Cinami. *A Black Hole Is Not a Hole: Updated and Expanded Edition.* Watertown, MA: Charlesbridge, 2021.

Doeden, Matt. *Stephen Hawking: Celebrated Physicist.* Minneapolis: Lerner Publications, 2021.

Kiddle: Time Travel Facts for Kids
https://kids.kiddle.co/Time_travel

Mara, Wil. *Albert Einstein*. New York: Dorling Kindersley, 2019.

NASA: Is Time Travel Possible?
https://spaceplace.nasa.gov/time-travel/en/

Our Universe for Kids: Time Travel
https://www.ouruniverseforkids.com/time-travel/

Science Kids: Is Time Travel Possible?
https://www.sciencekids.co.nz/videos/physics/timetravel.html

ÍNDICE

agujeros de gusano, 22–23
agujeros negros, 20, 22
agujeros tipo rosquillas, 24

bosones, 12

cadenas cósmicas, 21
charas californianas, 15
Cilindro Tipler, 18
computadoras, 29

dimensiones, 13

efecto mariposa, 26
Einstein, Albert, 11

fermiones, 12
física, 12

Hawking, Stephen, 20, 28

máquinas del tiempo, 8, 18, 23
Monte Everest, 17

partículas, 12–13

Rotación de la Tierra, 16

telescopios, 27
Tipler, Frank, 18–19

velocidad de la luz, 10–11, 16, 18, 20
viaje mental en el tiempo, 15

Créditos por las fotografías

Créditos de las imágenes: d3sign/Getty Images, p.4; Terraxplorer/Getty Images, p.5; JoeLena/Getty Images, p.6; Loren Zemlicka/Getty Images, p.7; Grzegorz Czapski/Shutterstock, p.8; lashMovie/Shutterstock, p.9; Yiu Yu Hoi/Getty Images, p.10; Keystone/Stringer/Getty Images, p.11; Yuichiro Chino/Getty Images, p.12; Kyodo/Newscom, p.13; SDI Productions/Getty Images, p.14; Moelyn Photos/Getty Images, p.15; Buena Vista Images/Getty Images, p.16; Nicole Kucera/Getty Images, p.17; sitox/Getty Images, p.18; Campus Party Italia/flckr.com, p.19; MARK GARLICK/SCIENCE PHOTO LIBRARY/Getty Images, p.20; NeoLeo/Shutterstock, p.21; KTSDESIGN/SCIENCE PHOTO LIBRARY/Getty Images, p.22; Colin Anderson Productions pty ltd/Getty Images, 23; MARK GARLICK/SCIENCE PHOTO LIBRARY/Getty Images, p.24; John M Lund Photography Inc/Getty Images, p.25; Gregoria Gregoriou Crowe fine art and creative photography/Getty Images, p.26; Handout/Getty Images, p.27; Dan Kitwood/Staff/Getty Images, p.28; Pavel_Chag/Getty Images, p.29;

Portada: mikkelwilliam/Getty Images